Anleitung
zur langen Pistole 08
mit ansteckbarem
Trommelmagazin.
(T. M.)

Anleitung
zur langen Pistole 08
mit ansteckbarem
Trommelmagazin.
(T. M.)

Berlin 1917.

Inhaltsverzeichnis.

                                                              Seite

Allgemeines   5

Das Laden der Pistole:
    a. Bei Pistolen mit Abzugsstangen a/A   6
    b. »   »   »   »   n/A   7

Magazinwechsel:
    a. Bei leergeschossenem Magazin:
        1. Mit Abzugsstangen a/A   7
        2. »   »   n/A   8
    b. Bei nicht leergeschossenem Magazin:
        1. Mit Abzugsstangen a/A   8
        2. »   »   n/A   9

Entladen:
    a. Bei Pistolen mit Abzugsstangen a/A   9
    b. »   »   »   »   n/A   9

Störungen beim Schießen, deren Ursachen und Abhilfen   10

Auseinandernehmen der Pistole   11

Zusammensetzen der Pistole   11

Reinigung der Pistole   12

Das ansteckbare Trommelmagazin (T. M.):
    A. Zweck   13
    B. Beschreibung:
        1. Allgemeines   14
        2. Das Magazin   14

C. Gebrauchsanweisung: Seite

   1. Allgemeines 15

   2. Füllen des Trommelmagazins 16

   3. Entleeren des Trommelmagazins 17

   4. Auseinandernehmen und Zusammensetzen des Trommel-
      magazins:

      a. Durch Mannschaften 17

      b. Durch den Waffenmeister................. 18

**Trageweise der langen Pistole 08 und der Trommel-
   magazine** 19

Leistungsfähigkeit der langen Pistole 08 20

Visierwahl 20

Merkpunkte:

      a. Für Pistolen 20

      b. Für Trommelmagazine 21

Bildertafel I—VI.

Anmerkung: Magazine verschiedener Fertigung weisen in unwesent-
lichen Einzelheiten Unterschiede auf. Hierdurch erklären sich kleine
Abweichungen der Photographien.

Allgemeines.

Die Pistole ist ein **Selbstlader,** das heißt eine Waffe, bei der der Druck der Pulvergase nicht nur dem Geschoß eine bestimmte Geschwindigkeit erteilt, sondern auch das Öffnen und Schließen des Verschlusses, das Auswerfen der Patronenhülse, das Spannen des Schlagbolzens und das Einführen einer neuen Patrone in den Lauf bewirkt.

Die Pistole ist mithin nach dem Abfeuern wieder schußbereit und daher mit besonderer Vorsicht zu behandeln.

Der Kniegelenkverschluß läßt nach Abgabe eines Schusses erkennen, ob eine neue Patrone in den Lauf geführt ist — die Kniehebel liegen gestreckt und der Auszieher steht über der Kammer heraus, so daß die Bezeichnung »Geladen« auf seiner linken Seite sichtbar wird — oder ob der Patronenvorrat des Magazins verbraucht ist — die Kniehebel ragen nach oben.

Der Schütze muß die Eigenart, Handhabung und Wirkungsweise der Pistole genau kennen.

Um die Sicherheit des Schützen bei der Handhabung der Pistole — Laden und Entladen — zu erhöhen, ist die bisherige Abzugsstange (Abzugsstange a/A.) geändert. Dadurch kann der gespannte Verschluß auch im **gesicherten** Zustande geöffnet werden. Pistolen mit derartigen Abzugsstangen (Abzugs-

2

stangen n/A.) sind **»gesichert«** zu laden und zu entladen.

Pistolen 08 sind sowohl mit Abzugsstangen a/A. als auch n/A. im Truppengebrauch.

Die durch Abzugsstangen n/A. abgeänderten Pistolen 08 sind äußerlich daran zu erkennen, daß die sichtbare Abschrägung der Abzugsstange unmittelbar hinter der Deckplatte endigt.

Das Laden der Pistole.

a. Pistolen mit Abzugsstangen a/A.

Umfassen des Griffstücks mit der linken Hand, **Mündung nach unten!**

Zurückziehen des Verschlusses in seine äußerste Grenzstellung. Zeige- und Mittelfinger der rechten Hand umfassen hierbei gabelartig das Kniegelenk; der Daumen stützt sich gegen den Stoßboden.

Druck mit dem linken Daumen auf den Magazinhalter bei gleichzeitigem Herausnehmen des leeren Magazins mit der rechten Hand.

Einsetzen des gefüllten Magazins in die Pistole.

Ausschalten des Kammerfangstücks durch abermaliges Zurückziehen des Verschlusses mit der rechten Hand und Vorschnellenlassen des Verschlusses.

Die oberste Patrone wird hierdurch in den Lauf geschoben; die Waffe ist nun scharf geladen!

Sichern!

b. Piſtolen mit Abzugsſtangen n/A.

Piſtole in die linke Hand.

Spannen!

Sichern!

Die übrigen Ladegriffe wie vorſtehend unter a.

Das Sichern nach Beendigung der Griffe fällt jedoch fort, da die Waffe bereits geſichert wurde.

Das Entſichern erfolgt grundſätzlich erſt in der Feuerſtellung.

Magazinwechſel.

a. Bei leergeſchoſſenem Magazin.

1. Mit Abzugsſtange a/A.

Piſtole in die linke Hand.

Druck mit dem linken Daumen auf den Magazinhalter bei gleichzeitigem Herausnehmen des leeren Magazins mit der rechten Hand.

Einführen des gefüllten Magazins.

Ausſchalten des Kammerfangſtückes durch abermaliges Zurückziehen des Verſchluſſes mit der rechten Hand und Vorſchnellenlaſſen des Verſchluſſes.

Die oberſte Patrone wird hierdurch in den Lauf geſchoben; die Waffe iſt nun ſcharf geladen!

Sichern!

2. Mit Abzugsstange n/A.

Sichern!

Die übrigen Ladegriffe wie vorstehend unter 1. Das Sichern nach Beendigung der Griffe fällt jedoch fort, da die Waffe bereits gesichert wurde.

IVa. ## b. Bei nicht leergeschossenem Magazin.

1. Mit Abzugsstange a/A

Sichern!

Pistole in die linke Hand.

Druck mit dem linken Daumen auf den Magazinhalter bei gleichzeitigem Herausnehmen des Magazins mit der rechten Hand.

Entsichern!

Entfernen der Patrone aus dem Lauf unter langsamem Öffnen des Verschlusses. Die hierbei in den Magazindurchbruch fallende Patrone ist möglichst aufzufangen.

Einführen des Magazins bis zum Anschlag der obersten Patrone an die Kammer.

Zurückziehen des Verschlusses mit der rechten Hand unter Druck von unten gegen das Magazin, bis der Magazinhalter in die Rast am Magazinhals hörbar einspringt. (Aufsetzen des Trommelmagazins je nach der Anschlagsart — auf den Oberschenkel, einen festen Gegenstand oder den Boden — erleichtert diese Griffe).

Vorschnellenlassen des Verschlusses.

Bei unvollständigem Schließen des Verschlusses kurzer Schlag mit der flachen Hand auf das Kniegelenk.

Sichern!

2. Mit Abzugsstange n/A

Sichern!

Sonst wie vorstehend unter Fortfall des Entsicherns.

Entladen.

a. Bei Pistolen mit Abzugsstangen a/A.

Sichern!

Pistole in die linke Hand; Magazin heraus.

Entsichern!

Entfernen der Patrone aus dem Lauf unter langsamem Öffnen des Verschlusses. Die hierbei in den Magazindurchbruch fallende Patrone ist möglichst aufzufangen.

Vorschnellenlassen des Verschlusses.

Entspannen: Hierbei zieht die rechte Hand den Verschluß so weit nach oben, bis Lauf und Hülse zurückzugehen beginnen (etwa 6 mm). Der Zeigefinger der linken Hand zieht den Abzug zurück; die rechte Hand läßt den Verschluß langsam vorgleiten. Einführen des leeren achtschüssigen Magazins.

b. Bei Pistolen mit Abzugsstangen n/A.

Sichern!

Sonst wie vor unter a, das Entsichern erfolgt jedoch erst unmittelbar vor dem Entspannen.

Störungen beim Schießen, deren Ursachen und Abhilfen.

Störungen	Ursachen	Abhilfen	Bemerkungen
Verschluß unvollständig geschlossen.	Zu trocken oder verschmutzt.	Leichter Schlag auf den Verschluß; wenn Zeit vorhanden, reinigen und fetten.	
Ladehemmungen.	Verschmutzung oder fehlerhafte Patronenzufuhr	Verschmutzungen beseitigen oder Verschluß zurückziehen und die gespießte Patrone durch Kippen ausschütten.	
Hülse gefangen.	Verschluß unvollständig geöffnet.	Verschluß zurückführen; Hülse ausschütten.	
Hülse wird nicht ausgezogen.	Patronenlager verschmutzt oder verrostet.	Bei zurückgezogenem Verschluß Herausstoßen der Hülse mittels Wischstocks.	
Waffe versagt.	a) Patrone nicht zugeführt, b) fehlerhafte Munition, c) fehlerhafte Waffe oder fehlerhaftes Magazin.	Nachladen. Nachladen. Durch Waffenmeister.	Bei wiederholtem Versagen der Zuführung Druck auf den Spannhebel des Trommelmagazins.
Korn wandert.	Lockerer Sitz der Stellschraube.	Durch Waffenmeister.	

Auseinandernehmen der Pistole.

Die entspannte Pistole in die linke Hand, Mündung nach unten; Magazin heraus. Der linke Daumen legt sich auf das Sperrstück; hierauf zieht die rechte Hand den Lauf mit Verschluß (ohne das Kniegelenk hochzuheben) etwas zurück, worauf der linke Daumen den Knopf des Sperrstücks nach unten dreht. Die rechte Hand erfaßt die Pistole am Griff, die linke Hand nimmt die Deckplatte ab und zieht den Lauf mit der Hülse und dem Verschluß nach vorn vom Griffstück ab.

Lauf mit Verschluß — Korn nach oben, Mündung nach links — in die linke Hand nehmen, mit dem Zeigefinger der rechten Hand den starken Verbindungsbolzen nach dem Körper zu etwas herausdrücken und entfernen. Die rechte Hand hebt das Kniegelenk etwas hoch und zieht das Schloß nach hinten heraus.

Zusammensetzen der Pistole. Tafel Vb.

Das Einsetzen des Schlosses geschieht in der umgekehrten Reihenfolge wie das Herausnehmen.

Hierbei ist zu beachten: Beim Einführen des Verschlusses in die Hülse ist durch Druck auf den vorderen Teil der Abzugsstange gleichzeitig zu entspannen.

Das Aufbringen des Laufes mit Verschluß auf das Griffstück geschieht wie folgt:

Lauf mit Verschluß in die linke Hand, Mündung nach links, Korn nach unten, der Kupplungshaken muß nach rechts zeigen.

Griffstück in die rechte Hand — Griff nach oben — und vorsichtig auf die Hülse schieben; Pistole umdrehen — Griff nach unten — und den Lauf mit Verschluß wieder so weit nach vorn ziehen, daß der Haken vor dem Kuppelungshebel einfällt. Pistole in die linke Hand. Deckplatte auflegen. Lauf mit Verschluß (ohne das Kniegelenk hochzuheben) wieder zurückführen. Unter Loslassen der linken Hand dreht der linke Daumen nun den Knopf des Sperrstücks nach oben.

Pistole in die linke Hand.

Hierauf wiederholtes Zurückziehen und Vorschnellenlassen des Verschlusses, um sich vom Eingriff des Hakens in den Kuppelungshebel zu überzeugen.

Entspannen. Magazin mit der rechten Hand einsetzen.

Reinigung der Pistole.

Die Pistole muß **grundsätzlich** unmittelbar nach dem Gebrauch — vor allen Dingen nach jedem Schießen — gereinigt werden. Die Reinigung erstreckt sich auf die Beseitigung von Rückständen, Staub, Schmutz und Nässe; zum Schutze gegen Witterungseinflüsse sind die Metallteile zu fetten. Das Reinigen des Laufinnern erfolgt mit dem Wischstock, Werg und Reinigungsfett, das Reinigen der übrigen Teile mit Lappen und Reinigungsfett.

Zum Reinigen des Laufinnern wird Werg in passender Stärke um das Wischerende des Wischstocks gewickelt; in das so hergestellte Wergpolster wird

Reinigungsfett verrieben und der Wischstock von der Mündung aus in den Lauf geführt und mehrmals hin und her gezogen. Je nach der Verschmutzung des Laufinnern muß das Reinigen mit einem neuen Wergpolster wiederholt werden. Nach beendeter Reinigung wird der Lauf mit einem neu angefertigten, stark gefetteten Wergpolster gefettet.

Das Reinigen der übrigen Metallteile erfolgt durch vorsichtiges Abwischen. Nach dem Reinigen werden alle Teile leicht eingefettet. Hierzu wird etwas Reinigungsfett in einem Lappen verrieben, mit dem die Teile alsdann gefettet werden.

Die Gleitstellen werden mit einem Holzspan, der mit etwas Reinigungsfett versehen ist, etwas stärker gefettet.

Bei ungenügender Fettung der Gleitstellen wird das einwandfreie Arbeiten des Selbstlademechanismus in Frage gestellt.

Das ansteckbare Trommelmagazin (T. M.) für die Pistole 08 (lange und kurze).

A. Zweck.

1. Das Trommelmagazin erhöht die Feuerkraft der Pistole 08 dadurch wesentlich, daß ein Auswechseln des Magazins statt nach 8 erst nach 32 Schuß notwendig wird.

2. Das Trommelmagazin läßt sich bei der kurzen wie der langen Pistole 08 ohne weiteres verwenden.

Die größere Leistungsfähigkeit der langen Pistole 08 — die durch den längeren Lauf, die bis 800 m reichende Visiereinrichtung und das Schulterstück erreicht wird — macht diese im Verein mit dem Trommelmagazin zur geeigneteren Waffe für Nahkämpfe, besonders zu Sturmabwehr- und Sonderzwecken.

B. Beschreibung.

1. Allgemeines.

Das Magazin ist ein sogenanntes Trommelmagazin. Es wird mit seinem Hals in das Griffstück der Pistole eingeschoben.

Zu jedem Magazin gehört eine Schutzkappe — für den oben offenen Hals — und zu fünf Magazinen ein Füller.

2. Das Magazin.

Die wesentlichsten Teile des Magazins sind:

das Trommelgehäuse mit Hals,

der Deckel mit Bandfedergehäuse und Spannvorrichtung,

die spiralförmig gelagerte Bandfeder,

der Mitnehmer und

der Zubringer mit Zubringerfeder.

Im Trommelgehäuse ist zwischen dessen Wand und dem Bandfedergehäuse ein Kanal (Patronenkanal), in dem der (mit der Bandfeder verbundene, kraftüber-
tragende, winkelförmige) Mitnehmer, der Zubringer mit Feder und die eingefüllten Patronen lagern.

Die im Patronenkanal gelagerten Teile liegen bei gefülltem Magazin in folgender Weise:

Der Mitnehmer liegt infolge der vor dem Füllen des Magazins gespannten Bandfeder am Ende des Kanals. Auf dem Mitnehmer liegt die durch die Patronen zusammengedrückte Zubringerfeder. Vor dem Zubringer lagern die 32 Patronen. Die beiden Kraftquellen zur Betätigung des Trommelmagazins sind die — durch den im Sinne der Uhrzeigerbewegung gedrehten Spannhebel — aufgezogene Bandfeder und die — durch die Patronen — zusammengepreßte Zubringerfeder. Bei der Zuführung der ersten 20 Patronen wirken beide Federn, bei den letzten 12 Patronen nur die Zubringerfeder.

Die auf dem Magazindeckel befindlichen Zahlen lassen durch die Stellung des Spannhebels die noch im Magazin vorhandene Patronenzahl bis zur 12. Patrone erkennen.

C. Gebrauchsanweisung.

1. Allgemeines.

Die Schutzkappe ist nur beim Füllen, Einführen, Entleeren und Zerlegen der Magazine abzunehmen.

Das Füllen des Magazins kann nur **außerhalb der Waffe** und **nur mit dem Füller** erfolgen. Zur Schonung der Band- und Zubringerfeder ist es zu vermeiden, das Magazin unnötig in gefülltem Zustand zu belassen.

Auch bei leerem Magazin muß die Bandfeder stets entspannt — die Spannvorrichtung in Ruhestellung — sein.

IV.

2. Füllen des Trommelmagazins.

Herausziehen des Spannhebels aus dem Rohr der Spannvorrichtung.

Spannen der Bandfeder durch Drehen des Spann-hebels im Sinne der Uhrzeigerbewegung, bis sich der gereifelte Druckknopf am Rohr der Spannvorrichtung in die in dem Magazindeckel befindliche Rast ein-drücken läßt.

Mit eingedrücktem Druckknopf läßt man den Spann-hebel etwa 3 mm zurückgleiten.

Die Bandfeder ist in dieser Stellung gespannt und gesichert.

Aufschieben des Füllers auf den Magazinhals, bis der Haltestift in die Rast des Halses einspringt.

Das Trommelmagazin — Füller nach oben — ist jetzt auf eine feste Unterlage zu stellen oder in sitzender Stellung des Mannes zwischen seine Schenkel zu klemmen.

Mit der linken Hand ist der Druckhebel des Füllers nach unten zu drücken, mit der rechten Hand die Patrone von vorn nach hinten (wie beim bisherigen Magazin) unter die übergreifenden Lippen des Magazin-halters zu schieben.

Hochlassen des Hebels.

Nachschieben der Patronen.

Erneutes Niederdrücken des Druckhebels.

Dieser Vorgang ist bis zum vollständigen Füllen des Magazins zu wiederholen.

Entsichern der Spannvorrichtung durch Eindrücken des Druckknopfes unter gleichzeitigem, kurzem (3 mm) Drehen des Spannhebels im Sinne der Uhrzeigerbewegung.

Langsames Gleitenlassen der Spannvorrichtung mit losgelassenem Druckknopf, bis der Druck des Mitnehmers auf die Patronen erfolgt und dadurch die Bewegung des Spannhebels aufhört.

Einschieben des Spannhebels in seine Hülse.

Abnehmen des Füllers durch Druck auf den Haltestift des Füllers bei gleichzeitigem Abstreifen des letzteren nach oben.

3. Entleeren des Trommelmagazins.

Das Entleeren des Trommelmagazins geschieht **außerhalb** der Pistole und **ohne** Füller.

Es erfolgt unter **Vorschieben** der Patronen unter den Magazinlippen mit dem Daumen (wie beim bisherigen Magazin) bei entsicherter Spannvorrichtung.

4. Auseinandernehmen und Zusammensetzen des Magazins. Tafel III

a. Durch Mannschaften.

Aufziehen der Spannvorrichtung.

Achsschraube an der vorderen Wand des Trommelgehäuses und Verbindungsschrauben unter dem Magazinhals herausschrauben.

Deckel mit Federgehäuse vorsichtig abnehmen. (Anheben des Deckels durch Untergreifen des Schraubenziehers unter die Verstärkung vor den Verbindungsschrauben).

Druckstift am Zubringer zurückdrücken und Zubringerfeder mit Zubringer unten aus dem Magazinhals herausziehen.

Ein weiteres Auseinandernehmen durch Mannschaften ist verboten.

Das **Zusammensetzen** erfolgt in umgekehrter Reihenfolge.

Es ist hierbei zu beachten, daß beim Aufbringen des Deckels dieser erst am Magazinhals eingeführt, dann auf den Trommelbehälter aufgesetzt wird.

b. Durch den Waffenmeister.

Auseinandernehmen des Magazins wie vor.

Weiteres Auseinandernehmen (Beispiel: Zum Nachspannen der Bandfeder).

Herausschlagen des Verbindungsstiftes für Mitnehmer und Achse.

Nachspannen der Bandfeder durch einmaliges Herumdrehen der Spannvorrichtung. (Die Vorspannung der Bandfeder beträgt einschließlich Aufziehens 10 Umdrehungen.)

Sichern der Spannvorrichtung.

Verbindungsstift für Mitnehmer und Achse wieder hineinschlagen. (Bei diesem Vorgang ist das Federgehäuse vorsichtig in den Schraubstock einzuspannen — weiche Zwischenlage — und der Spannhebel fest gegen die Federwirkung zu drücken. Unvorsichtige Handhabung kann zu Verletzungen führen.)

Trageweise der langen Pistole 08 und der Trommelmagazine.

Tafel 1c u. VI.

Die lange Pistole wird in der am Anschlagbrett befestigten Tasche untergebracht und in dieser am Trageriemen über der linken Schulter an der rechten Hüfte getragen. Die Pistolentasche wird mit ihrer verschließenden Lederschlaufe am Leibriemen befestigt.

Die Zwinge des Schulterstücks ist durch die Lederkappe vor Beschädigungen und Verschmutzungen geschützt.

Zu jedem Magazin wird ein Segeltuchbeutel geliefert. In diesem wird das Magazin mit Schutzkappe untergebracht und der Beutel alsdann vom Schützen mittels der Trageschlaufe am Leibriemen getragen.

Zum Herausnehmen des Magazins wird die Verschlußklappe geöffnet.

Zum Fertigmachen der Pistole — vor ihrem unmittelbaren Gebrauch — wird zunächst die untere Schutzkappe und dann der Deckelverschluß geöffnet. Die Pistole wird herausgenommen und auf die Zwinge des Schulterstücks aufgeschoben; der Klemmhebel wird nach oben gedreht und das Trommelmagazin eingeführt.

Zum Schießen verbleibt die Pistole stets am Schulterstück (Tasche verbunden mit Anschlagbrett), das Schulterstück stets am umgehängten Trageriemen.

20

Leistungsfähigkeit der langen Pistole 08.

Vermöge der großen Feuergeschwindigkeit und Handlichkeit der Waffe im Anschlag ist die Wirkung im Abteilungsfeuer bei genügend großem Munitionseinsatz bis 600 m selbst gegen Kopfziele befriedigend, zwischen 600 und 800 m ist bei zutreffendem Visier noch Erfolg zu erwarten.

Im Einzelfeuer ist bis 200 m **jedes** Ziel mit Erfolg zu beschießen.

Auf 800 m werden noch Pferdeschädel sowie französische Stahlhelme glatt durchschlagen.

Visierwahl.

Bei fehlender Beobachtung und **unsicherer** Entfernungsermittlung empfiehlt es sich, über 500 m zwei um 100 m auseinanderliegende Visiere zu nehmen.

Merkpunkte.

a. Für Pistolen.

1. Die Pistole ist vor Beschädigungen und Verschmutzungen zu bewahren.

2. Fremdkörper im Lauf und Verschluß sind vor dem Schießen zu entfernen.

3. Es ist verboten:

   a) die Waffe ohne Magazin zu lassen,

   b) die Pistole weiter auseinanderzunehmen wie im Absatz »Auseinandernehmen der Pistole« angegeben.

4. Das **Entsichern** der Pistole erfolgt grundsätzlich erst in der Feuerstellung.

b. Für Trommelmagazine.

1. Das Trommelmagazin ist vor Beschädigungen und Verschmutzungen zu bewahren.

2. Der Patronenkanal ist stets leicht gefettet zu halten.

3. Trommelmagazine außerhalb der Waffe müssen stets mit Schutzkappe versehen sein.

4. Ein längeres Lagern der Trommelmagazine **in gespanntem Zustande** ist möglichst zu vermeiden.

5. Auseinandernehmen der Trommelmagazine ist nur nach Absatz 4 Ziffer a zulässig.

6. Schwer einzuführende Magazine sind dem Waffenmeister zur Beseitigung der Mängel zu übergeben.

a. Lange Pistole 08
mit Abzugsstange alter Art (a/A)

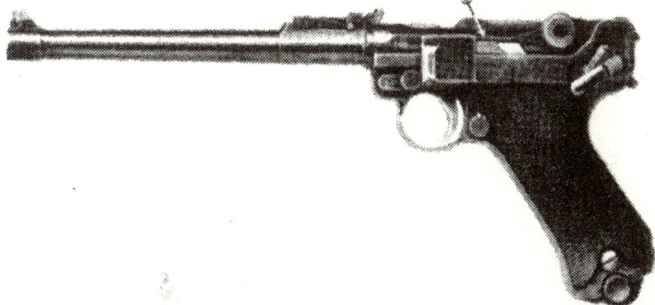

b. Lange Pistole 08
mit Abzugsstange neuer Art (n/A)

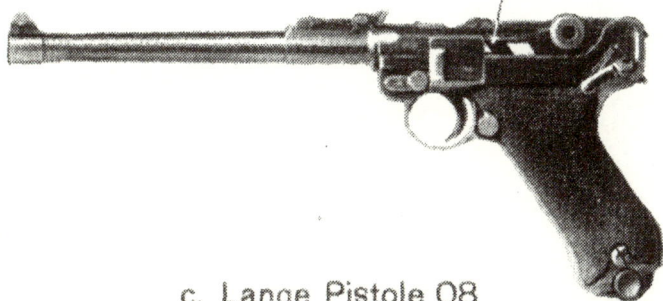

c. Lange Pistole 08
mit Schulterstück

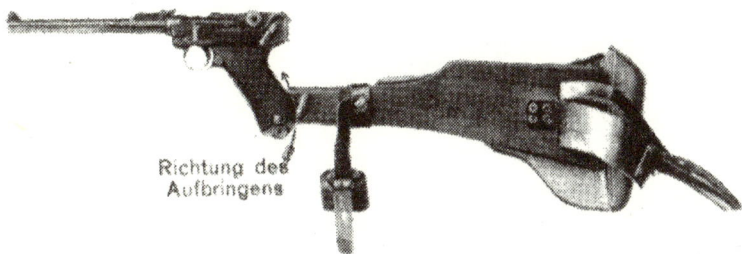

Richtung des
Aufbringens

a. Trommel-Magazin (T. M.)   Tafel II.

Ansicht 1.

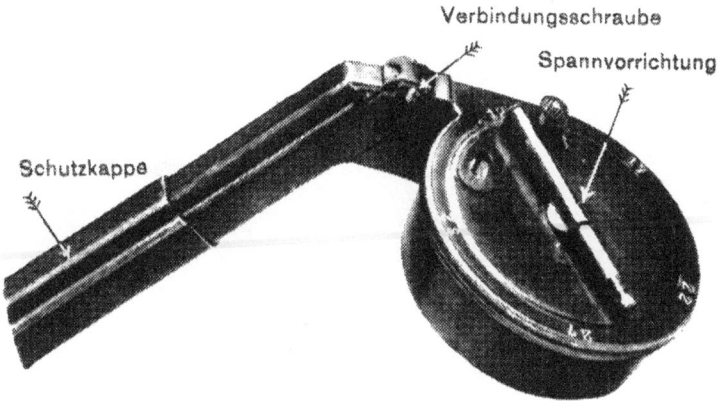

Verbindungsschraube

Spannvorrichtung

Schutzkappe

Ansicht 2.

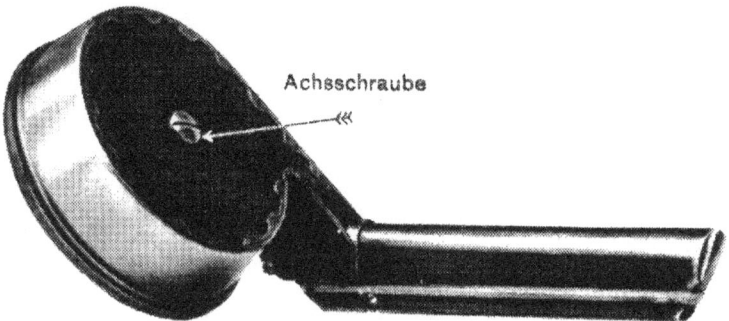

Achsschraube

Teile des T. M.

a. Füller.

b. Deckel (Aussenseite)

Spannvorrichtung (gesichert)

c. Schutzkappe

d. Trommelgehäuse mit Hals

e. Deckel (Innenseite) und Zubringerfeder

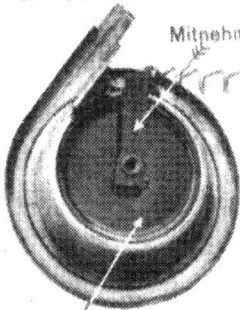

Mitnehmer

Zubringer mit
Druckstift

f. Verbindungsschrauben

g. Achsschraube

Bandfedergehäuse

Tafel IV.

Spannhebel
herausgezogen

Füllen des Magazins.

a. Magazinwechsel
bei nicht leergeschossenem
Magazin

Zurückziehen des Verschlusses
T. M. auf den Oberschenkel
aufgesetzt

b. Zusammensetzen der Pistole.
(Aufschieben des Griffstücks auf die Hülse)

Steuung
des Hakens

Tafel VI.

a. Schütze mit umgehängener Pistole (in Tasche)
2 T. M. in Beuteln am Leibriemen.

b. P-Kasten.

(Inhalt: 5 T. M., 1 Füller, Munition.)